D1708609

## TÍTULOS DE INGLÉS MARÍA GARCÍA

- Inglés de una Vez
- Aprende Inglés Deprisa
- 1000 Palabras Clave
- Inglés Móvil
- 100 Clases para Dominar el Inglés

- El Desafío del Inglés
- Inglés SMS
- Ciudadanía Americana
- Pronunciación Fácil: Las 134 Reglas del inglés Americano
- Inglés Para Hacer Amigos

- Inglés para Redes Sociales
- Inglés en la Escuela
- Inglés para Pacientes
- Habla Sin Acento
- Inglés de Negocios

- Inglés para Viajar
- Inglés para el Auto
- Aprende Inglés con los Famosos

Accede al contenido adicional del curso en
**www.MariaGarcia.us**

Inglés para la Ciudadanía Americana, de la Teacher de Inglés

Fotografías de cubierta: © Designed by Luis Molinero, Ibrandify / Freepik.

1ra. edición: Marzo de 2018. D.R. © 2018.
Derechos reservados de la presente edición en lengua castellana:
American Book Group

ISBN: 978-168-165-6571

Impreso en Estados Unidos

# INGLÉS
## PARA LA CIUDADANÍA AMERICANA

Las 100 preguntas y respuestas
para el exámen de ciudadanía,
en inglés y español.

Accede al contenido adicional del curso
en **www.MariaGarcia.us**

Dame tu opinión sobre este libro
y recibirás gratis

## UN CURSO DE PRONUNCIACIÓN
## PARA TU TELÉFONO

Envia un whats app 🟢 con tu nombre a:
**+1 (305) 310-1222**

Apúntate gratis en **www.mariagarcia.us**

O escríbeme con tu nombre y dirección a:
**MARIA GARCÍA. LIBRO AMIGO**
**P.O. BOX 45-4402**
**MIAMI, FL 33245-4402**

**¡GRACIAS POR APRENDER INGLÉS CON MIS LIBROS!**

¡Hola Amigos!

Me encanta saber que estás pensando en prepararte para la entrevista y el Examen de Ciudadanía (también llamado Test de Naturalización). Qué buena idea dar este paso que te permitirá disfrutar de todos los derechos y obligaciones de un ciudadano naturalizado estadounidense.

Para apoyarte en tu preparación para dar este importante paso en tu vida, hemos querido presentarte una novedosa manera de aprender y practicar las 100 preguntas del test. En las páginas del libro encontrarás todas las preguntas y respuestas en inglés y español, agrupadas por bloques de 5 preguntas y respuestas. En una página verás las preguntas en ambos idiomas. Al voltear la página, encontrarás la respuesta correcta. De este modo, podrás realizar el test tantas veces como necesites, ¡sin caer en la tentación de ver la respuesta en la misma página!

El contenido en Internet compañero te permitirá escuchar las preguntas y respuestas, leídas en un claro inglés y en español. Así podrás practicar para cuando te hagan la entrevista en persona.

En la web del curso también encontrarás las explicaciones de cada respuesta correcta. Esto te ayudará mucho a recordar las respuestas, porque entenderás el por qué de las mismas. De este modo, tendrás más posibilidades de superar con éxito la entrevista, algo que sabemos que conseguirás si te preparas con atención y en profundidad.

Bienvenido a mi curso "Ciudadanía Americana"!

Con cariño,

María García
La teacher de inglés
**www.mariagarcia.us**

# TEST
## PARA LA CIUDADANÍA AMERICANA

**What is the supreme law of the land?**
*¿Cuál es la ley suprema de la nación?*

**What does the Constitution do?**
*¿Qué hace la Constitución?*

**The idea of self-government is in the first three words of the Constitution. What are these words?**
*Las primeras tres palabras de la Constitución contienen la idea de la autodeterminación (de que el pueblo se gobierna a sí mismo). ¿Cuáles son estas palabras?*

**What is an amendment?**
*¿Qué es una enmienda?*

**What do we call the first ten amendments to the Constitution?**
*¿Con qué nombre se conocen las primeras diez enmiendas a la Constitución?*

**1**

the Constitution
*la Constitución*

**2**

sets up the government
defines the government
protects basic rights of Americans
*establece el gobierno*
*define el gobierno*
*protege los derechos básicos de los ciudadanos*

**3**

We the People
*Nosotros el Pueblo*

**4**

a change (to the Constitution)
an addition (to the Constitution)
*un cambio (a la Constitución)*
*una adición (a la Constitución)*

**5**

the Bill of Rights
*la Carta de Derechos*

**PREGUNTA**

**What is one right or freedom from the First Amendment?**

*¿Cuál es un derecho o libertad que la Primera Enmienda garantiza?*

**6**

**PREGUNTA**

**How many amendments does the Constitution have?**

*¿Cuántas enmiendas tiene la Constitución?*

**7**

**PREGUNTA**

**What did the Declaration of Independence do?**

*¿Qué hizo la Declaración de Independencia?*

**8**

**PREGUNTA**

**What are two rights in the Declaration of Independence?**

*¿Cuáles son dos derechos en la Declaración de la Independencia?*

**9**

**PREGUNTA**

**What is freedom of religion?**

*¿En qué consiste la libertad de religión?*

**10**

**6**

speech, religion, assembly, press,
petition the government
*expresión, religión, reunión, prensa,
peticionar al gobierno*

**7**

twenty-seven (27)
*veintisiete (27)*

**8**

announced our independence (from Great Britain)
declared our independence (from Great Britain)
said that the United States is free (from Great Britain)
*anunció nuestra independencia (de Gran Bretaña)*
*declaró nuestra independencia (de Gran Bretaña)*
*dijo que los Estados Unidos se independizó (de Gran Bretaña)*

**9**

life, liberty, pursuit of happiness
*la vida, la libertad, la búsqueda de la felicidad*

**10**

You can practice any religion, or not
practice a religion.
*Se puede practicar cualquier religión
o no tener ninguna.*

**PREGUNTA 11**

**What is the economic system in the United States?**
*¿Cuál es el sistema económico de los Estados Unidos?*

**PREGUNTA 12**

**What is the "rule of law"?**
*¿En qué consiste el "estado de derecho" (ley y orden)?*

**PREGUNTA 13**

**Name one branch or part of the government.**
*Nombre una rama o parte del gobierno.*

**PREGUNTA 14**

**What stops one branch of government from becoming too powerful?**
*¿Qué es lo que hace que una rama del gobierno no se vuelva demasiado poderosa?*

**PREGUNTA 15**

**Who is in charge of the executive branch?**
*¿Quién está a cargo de la rama ejecutiva?*

**11**

capitalist economy
market economy
*economía capitalista*
*economía del mercado*

**12**

Everyone must follow the law.
Leaders must obey the law.
Government must obey the law.
No one is above the law.
*Todos deben obedecer la ley.*
*Los líderes deben obedecer la ley.*
*El gobierno debe obedecer la ley.*
*Nadie está por encima de la ley.*

**13**

Congress / legislative
President / executive
the courts / judicial
*Congreso / Poder legislativo*
*Presidente / Poder ejecutivo*
*los tribunales / Poder judicial*

**14**

checks and balances
separation of powers
*pesos y contrapesos*
*separación de poderes*

**15**

the President
*el Presidente*

**PREGUNTA**

**Who makes federal laws?**
*¿Quién crea las leyes federales?*

**16**

**PREGUNTA**

**What are the two parts of the U.S. Congress?**
*¿Cuáles son las dos partes que integran el Congreso de los Estados Unidos?*

**17**

**PREGUNTA**

**How many U.S. Senators are there?**
*¿Cuántos senadores de los Estados Unidos hay?*

**18**

**PREGUNTA**

**We elect a U.S. Senator for how many years?**
*¿De cuántos años es el término de elección de un senador de los Estados Unidos?*

**19**

**PREGUNTA**

**Who is one of your state's U.S. Senators now?**
*Nombre a uno de los senadores actuales del estado donde usted vive.*

**20**

**16**

Congress
Senate and House (of Representatives)
(U.S. or national) legislature
*el Congreso*
*el Senado y la Cámara (de Representantes)*
*la legislatura (nacional o de los Estados Unidos)*

**17**

the Senate and House (of Representatives)
*el Senado y la Cámara (de Representantes)*

**18**

one hundred (100)
*cien (100)*

**19**

six (6)
*seis (6)*

**20**

Answers will vary. [District of Columbia residents and residents of U.S. territories
should answer that D.C. (or the territory where the applicant lives) has no U.S. Senators.]
*Las respuestas variarán. [Los residentes del Distrito de Columbia y los territorios de los Estados Unidos deberán contestar que el D.C. (o territorio en donde vive el solicitante) no cuenta con Senadores a nivel nacional.]*

**21**

**The House of Representatives has how many voting members?**
*¿Cuántos miembros votantes tiene la Cámara de Representantes?*

**22**

**We elect a U.S. Representative for how many years?**
*¿De cuántos años es el término de elección de un representante de los Estados Unidos?*

**23**

**Name your U.S. Representative.**
*Dé el nombre de su representante a nivel nacional.*

**24**

**Who does a U.S. Senator represent?**
*¿A quiénes representa un senador de los Estados Unidos?*

**25**

**Why do some states have more Representatives than other states?**
*¿Por qué tienen algunos estados más representantes que otros?*

**21**

cuatrocientos treinta y cinco (435)
*four hundred thirty-five (435)*

**22**

two (2)
*dos (2)*

**23**

Answers will vary. [Residents of territories with nonvoting Delegates or Resident Commissioners may provide the name of that Delegate or Commissioner.
Also acceptable is any statement that the territory has no (voting) Representatives in Congress.]
*Las respuestas variarán. [Los residentes de territorios con delegados no votantes o los comisionados residentes pueden decir el nombre de dicho delegado o comisionado. Una respuesta que indica que el territorio no tiene representantes votantes en el Congreso también es aceptable.]*

**24**

all people of the state
*todas las personas del estado*

**25**

(because of) the state's population
(because) they have more people
(because) some states have more people
*(debido a) la población del estado*
*(debido a que) tienen más gente*
*(debido a que) algunos estados tienen más gente*

PREGUNTA

**We elect a President for how many years?**
*¿De cuántos años es el término de elección de un presidente?*

**26**

PREGUNTA

**In what month do we vote for President?**
*¿En qué mes votamos por un nuevo presidente?*

**27**

PREGUNTA

**What is the name of the President of the United States now?**
*¿Cómo se llama el actual Presidente de los Estados Unidos?*

**28**

PREGUNTA

**What is the name of the Vice President of the United States now?**
*¿Cómo se llama el actual Vicepresidente de los Estados Unidos?*

**29**

PREGUNTA

**If the President can no longer serve, who becomes President?**
*Si el Presidente ya no puede cumplir sus funciones, ¿quién se vuelve Presidente?*

**30**

**26**     four (4)
*cuatro (4)*

**27**     November
*Noviembre*

**28**     To answer this question you must include the last name or the first and last name of the current President of the United States.
*Para responder a esta pregunta hay que decir el apellido o nombre y apellido del actual Presidente de los Estados Unidos.*

**29**     To answer this question you must include the last name or the first and last name of the current Vice President of the United States.
*Para responder a esta pregunta hay que decir el apellido o nombre y apellido del actual Vicepresidente de los Estados Unidos.*

**30**     the Vice President
*el Vicepresidente*

**PREGUNTA**

**If both the President and the Vice President can no longer serve, who becomes President?**
*Si tanto el Presidente como el Vicepresidente ya no pueden cumplir sus funciones, ¿quién se vuelve Presidente?*

**31**

**PREGUNTA**

**Who is the Commander in Chief of the military?**
*¿Quién es el Comandante en Jefe de las Fuerzas Armadas?*

**32**

**PREGUNTA**

**Who signs bills to become laws?**
*¿Quién firma los proyectos de ley para convertirlos en ley?*

**33**

**PREGUNTA**

**Who vetoes bills?**
*¿Quién veta los proyectos de ley?*

**34**

**PREGUNTA**

**What does the President's Cabinet do?**
*¿Qué hace el Gabinete del Presidente?*

**35**

**31** the Speaker of the House
*el Presidente de la Cámara de Representantes*

**32** the President
*el Presidente*

**33** the President
*el Presidente*

**34** the President
*el Presidente*

**35** advises the President
*asesora al Presidente*

PREGUNTA

**What are two Cabinet-level positions?**
*¿Cuáles son dos puestos a nivel de gabinete?*

**36**

**What does the judicial branch do?**
*¿Qué hace la rama judicial?*

**37**

**What is the highest court in the United States?**
*¿Cuál es el tribunal más alto de los Estados Unidos?*

**38**

**How many justices are on the Supreme Court?**
*¿Cuántos jueces hay en la Corte Suprema de Justicia?*

**39**

**Who is the Chief Justice of the United States now?**
*¿Quién es el Presidente actual de la Corte Suprema de Justicia de los Estados Unidos?*

**40**

**36**

| | |
|---|---|
| Secretary of Agriculture | *Secretario de Agricultura* |
| Secretary of Commerce | *Secretario de Comercio* |
| Secretary of Defense | *Secretario de Defensa* |
| Secretary of Education | *Secretario de Educación* |
| Secretary of Energy | *Secretario de Energía* |
| Secretary of Health and Human Services | *Secretario de Salud y Servicios Humanos* |
| Secretary of Homeland Security | *Secretario de Seguridad Nacional* |
| Secretary of Housing and Urban Development | *Secretario de Vivienda y Desarrollo Urbano* |
| Secretary of the Interior | *Secretario del Interior* |
| Secretary of Labor | *Secretario del Trabajo* |
| Secretary of State | *Secretario de Estado* |
| Secretary of Transportation | *Secretario de Transporte* |
| Secretary of the Treasury | *Secretario del Tesoro* |
| Secretary of Veterans Affairs | *Secretario de Asuntos de Veteranos* |
| Attorney General | *Procurador General* |
| Vice President | *Vicepresidente* |

**37**

reviews laws, explains laws, resolves disputes (disagreements), decides if a law goes against the Constitution
*revisa las leyes, explica las leyes, resuelve disputas (desacuerdos), decide si una ley va en contra de la Constitución*

**38**

the Supreme Court / *la Corte Suprema de Justicia*

**39**

nine (9) / *nueve (9)*

**40**

To answer this question you must include the last name or the first and last name of the current Chief Justice of the United States.
*Para responder a esta pregunta hay que decir el apellido o nombre y apellido del actual Presidente de la Corte Suprema de los Estados Unidos.*

**PREGUNTA**

**Under our Constitution, some powers belong to the federal government. What is one power of the federal government?**

*De acuerdo a nuestra Constitución, algunos poderes pertenecen al gobierno federal. ¿Cuál es un poder del gobierno federal?*

**41**

**PREGUNTA**

**Under our Constitution, some powers belong to the states. What is one power of the states?**

*De acuerdo a nuestra Constitución, algunos poderes pertenecen a los estados. ¿Cuál es un poder de los estados?*

**42**

**PREGUNTA**

**Who is the Governor of your state now?**

*¿Quién es el gobernador actual de su estado?*

**43**

**PREGUNTA**

**What is the capital of your state?**

*¿Cuál es la capital de su estado?*

**44**

**PREGUNTA**

**What are the two major political parties in the United States?**

*¿Cuáles son los dos principales partidos políticos de los Estados Unidos?*

**45**

**41**

to print money / *imprimir dinero*
to declare war / *declarar la guerra*
to create an army / *crear un ejército*
to make treaties / *suscribir tratados*

**42**

provide schooling and education
provide protection (police)
provide safety (fire departments)
give a driver's license
approve zoning and land use
*proveer escuelas y educación*
*proveer protección (policía)*
*proveer seguridad (cuerpos de bomberos)*
*conceder licencias de conducir*
*aprobar la zonificación y uso de la tierra*

**43**

Answers will vary. [District of Columbia residents should answer that D.C. does not have a Governor.]
*Las respuestas variarán. [Los residentes del Distrito de Columbia deben decir "no tenemos gobernador".]*

**44**

Answers will vary. [District of Columbia residents should answer that D.C. is not a state and does not have a capital. Residents of U.S. territories should name the capital of the territory.]
*Las respuestas variarán. [Los residentes del Distrito de Columbia deben contestar que el D.C. no es estado y que no tiene capital. Los residentes de los territorios de los Estados Unidos deben dar el nombre de la capital del territorio.]*

**45**

Democratic and Republican / *Demócrata y Republicano*

**PREGUNTA**

**46**

**What is the political party of the President now?**

*¿Cuál es el partido político del Presidente actual?*

**PREGUNTA**

**47**

**What is the name of the Speaker of the House of Representatives now?**

*¿Cómo se llama el Presidente actual de la Cámara de Representantes?*

**PREGUNTA**

**48**

**There are four amendments to the Constitution about who can vote. Describe one of them.**

*Existen cuatro enmiendas a la Constitución sobre quién puede votar. Describa una de ellas.*

**PREGUNTA**

**49**

**What is one responsibility that is only for United States citizens?**

*¿Cuál es una responsabilidad que corresponde sólo a los ciudadanos de los Estados Unidos?*

**PREGUNTA**

**50**

**Name one right only for United States citizens.**

*¿Cuál es un derecho que pueden ejercer sólo los ciudadanos de los Estados Unidos?*

**46**

To answer this question you must name the political party of the current President of the United States.
*Para responder a esta pregunta hay que decir el partido político al que pertenece el actual Presidente de los Estados Unidos.*

**47**

To answer this question you must include the last name or the first and last name of the current Speaker of the House of Representatives.
*Para responder a esta pregunta hay que decir el apellido o nombre y apellido del actual Presidente de la Cámara de Representantes.*

**48**

Citizens eighteen (18) and older (can vote).
You don't have to pay (a poll tax) to vote.
Any citizen can vote. (Women and men can vote.)
A male citizen of any race (can vote).
*Ciudadanos de dieciocho (18) años en adelante (pueden votar).*
*No se exige pagar un impuesto para votar (el impuesto para acudir a las urnas o "poll tax" en inglés).*
*Cualquier ciudadano puede votar. (Tanto las mujeres como los hombres pueden votar).*
*Un hombre ciudadano de cualquier raza (puede votar).*

**49**

serve on a jury
vote in a federal election
*prestar servicio en un jurado*
*votar en una elección federal*

**50**

vote in a federal election
run for federal office
*votar en una elección federal*
*postularse a un cargo político federal*

**51**

**What are two rights of everyone living in the United States?**

*¿Cuáles son dos derechos que pueden ejercer todas las personas que viven en los Estados Unidos?*

**52**

**What do we show loyalty to when we say the Pledge of Allegiance?**

*¿Ante qué demostramos nuestra lealtad cuando decimos el Juramento de Lealtad (Pledge of Allegiance)?*

**53**

**What is one promise you make when you become a United States citizen?**

*¿Cuál es una promesa que usted hace cuando se convierte en ciudadano de los Estados Unidos?*

**51**

freedom of expression
freedom of speech
freedom of assembly
freedom to petition the government
freedom of worship
the right to bear arms
*libertad de expresión*
*libertad de la palabra*
*libertad de reunión*
*libertad para peticionar al gobierno*
*libertad de culto*
*el derecho a portar armas*

**52**

the United States / the flag
*los Estados Unidos / la bandera*

**53**

give up loyalty to other countries
defend the Constitution and laws of the United States
obey the laws of the United States
serve in the U.S. military (if needed)
serve (do important work for) the nation (if needed)
be loyal to the United States
*renunciar la lealtad a otros países*
*defender la Constitución y las leyes de los Estados Unidos*
*obedecer las leyes de los Estados Unidos*
*prestar servicio en las Fuerzas Armadas de los Estados Unidos (de ser necesario)*
*prestar servicio a (realizar trabajo importante para) la nación (de ser necesario)*
*ser leal a los Estados Unidos*

PREGUNTA

**54**

### How old do citizens have to be to vote for President?

*¿Cuántos años tienen que tener los ciudadanos para votar por el Presidente?*

PREGUNTA

**55**

### What are two ways that Americans can participate in their democracy?

*¿Cuáles son dos maneras mediante las cuales los ciudadanos americanos pueden participar en su democracia?*

PREGUNTA

**56**

### When is the last day you can send in federal income tax forms?

*¿Cuál es la fecha límite para enviar la declaración federal de impuesto sobre el ingreso?*

**54**

eighteen (18) and older
*dieciocho (18) años en adelante*

**55**

vote
join a political party
help with a campaign
join a civic group
join a community group
give an elected official your opinion on an issue
call Senators and Representatives
publicly support or oppose an issue or policy
run for office
write to a newspaper
*votar*
*afiliarse a un partido político*
*ayudar en una campaña*
*unirse a un grupo cívico*
*unirse a un grupo comunitario*
*presentar su opinión sobre un asunto a un oficial elegido*
*llamar a los senadores y representantes*
*apoyar u oponerse públicamente a un asunto o política*
*postularse a un cargo político*
*enviar una carta o mensaje a un periódico*

**56**

April 15
*el 15 de abril*

**57**

PREGUNTA

**When must all men register for the Selective Service?**
*¿Cuándo deben inscribirse todos los hombres en el Servicio Selectivo?*

**58**

PREGUNTA

**What is one reason colonists came to America?**
*¿Cuál es una razón por la que los colonos vinieron a los Estados Unidos?*

**59**

PREGUNTA

**Who lived in America before the Europeans arrived?**
*¿Quiénes vivían en los Estados Unidos antes de la llegada de los europeos?*

**60**

PREGUNTA

**What group of people was taken to America and sold as slaves?**
*¿Qué pueblo fue traído a los Estados Unidos y vendido como esclavos?*

**57**

at age eighteen (18)
between eighteen (18) and twenty-six (26)
*a la edad de dieciocho (18) años*
*entre los dieciocho (18) y veintiséis (26) años de edad*

**58**

freedom / *libertad*
political liberty / *libertad política*
religious freedom / *libertad religiosa*
economic opportunity / *oportunidad económica*
practice their religion / *para practicar su religión*
escape persecution / *para huir de la persecución*

**59**

American Indians
Native Americans
*Indios americanos*
*Nativos americanos*

**60**

Africans
people from Africa
*Africanos*
*gente de África*

**Why did the colonists fight the British?**
¿Por qué lucharon los colonos contra los británicos?

**61**

**Who wrote the Declaration of Independence?**
¿Quién escribió la Declaración de Independencia?

**62**

**When was the Declaration of Independence adopted?**
¿Cuándo fue adoptada la Declaración de Independencia?

**63**

**There were 13 original states. Name three.**
Había 13 estados originales. Nombre tres.

**64**

**What happened at the Constitutional Convention?**
¿Qué ocurrió en la Convención Constitucional?

**65**

**61**

because of high taxes (taxation without representation)
because the British army stayed in their houses (boarding, quartering)
because they didn't have self-government
*debido a los impuestos altos (impuestos sin representación)*
*el ejército británico se quedó en sus casas (alojamiento, acuartelamiento)*
*no tenían autodeterminación*

**62**

(Thomas) Jefferson

**63**

July 4, 1776 / *el 4 de julio de 1776*

**64**

New Hampshire, Massachusetts, Rhode Island, Connecticut, New York, New Jersey, Pennsylvania, Delaware, Maryland, Virginia, North Carolina, South Carolina, Georgia
*Nueva Hampshire, Massachusetts, Rhode Island, Connecticut, Nueva York, Nueva Jersey, Pensilvania, Delaware, Maryland, Virginia, Carolina del Norte, Carolina del Sur, Georgia*

**65**

The Constitution was written.
The Founding Fathers wrote the Constitution.
*Se redactó la Constitución.*
*Los Padres Fundadores redactaron la Constitución.*

PREGUNTA

**When was the Constitution written?**
*¿Cuándo fue escrita la Constitución?*

**66**

PREGUNTA

**The Federalist Papers supported the passage of the U.S. Constitution.**
**Name one of the writers.**
*Los ensayos conocidos como "Los Federalistas" respaldaron la aprobación de la Constitución de los Estados Unidos. Nombre uno de los autores.*

**67**

PREGUNTA

**What is one thing Benjamin Franklin is famous for?**
*Mencione una razón por la que es famoso Benjamin Franklin.*

**68**

PREGUNTA

**Who is the "Father of Our Country"?**
*¿Quién se conoce como el "Padre de Nuestra Nación"?*

**69**

PREGUNTA

**Who was the first President?**
*¿Quién fue el primer Presidente?*

**70**

**66**

1787

**67**

(James) Madison
(Alexander) Hamilton
(John) Jay
Publius

**68**

U.S. diplomat
oldest member of the Constitutional Convention
first Postmaster General of the United States
writer of "Poor Richard's Almanac"
started the first free libraries
*diplomático americano*
*el miembro de mayor edad de la Convención*
*Constitucional*
*primer Director General de Correos de los*
*Estados Unidos*
*autor de "Poor Richard's Almanac"*
*(Almanaque del Pobre Richard)*
*fundó las primeras bibliotecas gratuitas*

**69**

(George) Washington

**70**

(George) Washington

**71**

**What territory did the United States buy from France in 1803?**

*¿Qué territorio compró los Estados Unidos de Francia en 1803?*

**72**

**Name one war fought by the United States in the 1800s.**

*Mencione una guerra durante los años 1800 en la que peleó los Estados Unidos.*

**73**

**Name the U.S. war between the North and the South.**

*Dé el nombre de la guerra entre el Norte y el Sur de los Estados Unidos.*

**74**

**Name one problem that led to the Civil War.**

*Mencione un problema que condujo a la Guerra Civil.*

**75**

**What was one important thing that Abraham Lincoln did?**

*¿Qué fue una cosa importante que hizo Abraham Lincoln?*

**71**

the Louisiana Territory / *el territorio de Louisiana*
Louisiana / *Louisiana*

**72**

War of 1812
Mexican-American War
Civil War
Spanish-American War
*la Guerra de 1812*
*la Guerra entre México y los Estados Unidos*
*la Guerra Civil*
*la Guerra Hispanoamericana*

**73**

the Civil War / *la Guerra Civil*
the War between the States / *la Guerra entre los Estados*

**74**

slavery / *esclavitud*
economic reasons / *razones económicas*
states' rights / *derechos de los estados*

**75**

freed the slaves (Emancipation Proclamation)
saved (or preserved) the Union
led the United States during the Civil War
*liberó a los esclavos (Proclamación de la Emancipación)*
*salvó (o preservó) la Unión*
*presidió los Estados Unidos durante la Guerra Civil*

**PREGUNTA 76**

**What did the Emancipation Proclamation do?**
*¿Qué hizo la Proclamación de la Emancipación?*

**PREGUNTA 77**

**What did Susan B. Anthony do?**
*¿Qué hizo Susan B. Anthony?*

**PREGUNTA 78**

**Name one war fought by the United States in the 1900s.**
*Mencione una guerra durante los años 1900 en la que peleó los Estados Unidos.*

**PREGUNTA 79**

**Who was President during World War I?**
*¿Quién era presidente durante la Primera Guerra Mundial?*

**PREGUNTA 80**

**Who was President during the Great Depression and World War II?**
*¿Quién era presidente durante la Gran Depresión y la Segunda Guerra Mundial?*

**76**

freed the slaves
freed slaves in the Confederacy
freed slaves in the Confederate states
freed slaves in most Southern states
*liberó a los esclavos*
*liberó a los esclavos de la Confederación*
*liberó a los esclavos en los estados de la
Confederación*
*liberó a los esclavos en la mayoría de los
estados del Sur*

**77**

fought for women's rights
fought for civil rights
*luchó por los derechos de la mujer*
*luchó por los derechos civiles*

**78**

**World War I** / *la Primera Guerra Mundial*
**World War II** / *la Segunda Guerra Mundial*
**Korean War** / *la Guerra de Corea*
**Vietnam War** / *la Guerra de Vietnam*
**(Persian) Gulf War** / *la Guerra del Golfo (Persa)*

**79**

(Woodrow) Wilson

**80**

(Franklin) Roosevelt

PREGUNTA

**Who did the United States fight in World War II?**
*¿Contra qué países peleó los Estados Unidos en la Segunda Guerra Mundial?*

**81**

PREGUNTA

**Before he was President, Eisenhower was a general. What war was he in?**
*Antes de ser presidente, Eisenhower era general. ¿En qué guerra participó?*

**82**

PREGUNTA

**During the Cold War, what was the main concern of the United States?**
*Durante la Guerra Fría, ¿cuál era la principal preocupación de los Estados Unidos?*

**83**

PREGUNTA

**What movement tried to end racial discrimination?**
*¿Qué movimiento trató de poner fin a la discriminación racial?*

**84**

PREGUNTA

**What did Martin Luther King, Jr. do?**
*¿Qué hizo Martin Luther King, Jr.?*

**85**

**81** Japan, Germany, and Italy
*Japón, Alemania e Italia*

**82** World War II
*Segunda Guerra Mundial*

**83** Communism
*Comunismo*

**84** civil rights (movement)
*(el movimiento en pro de los) derechos civiles*

**85** fought for civil rights
worked for equality for all Americans
*luchó por los derechos civiles*
*trabajó por la igualdad de todos los ciudadanos americanos*

**86**

**PREGUNTA**

**What major event happened on September 11, 2001, in the United States?**
*¿Qué suceso de gran magnitud ocurrió el 11 de septiembre de 2001 en los Estados Unidos?*

**87**

**PREGUNTA**

**Name one American Indian tribe in the United States.**
*Mencione una tribu de indios americanos de los Estados Unidos. [A los oficiales del USCIS se les dará una lista de tribus amerindias reconocidas a nivel federal.]*

**88**

**PREGUNTA**

**Name one of the two longest rivers in the United States.**
*Mencione uno de los dos ríos más largos en los Estados Unidos.*

**89**

**PREGUNTA**

**What ocean is on the West Coast of the United States?**
*¿Qué océano está en la costa oeste de los Estados Unidos?*

**90**

**PREGUNTA**

**What ocean is on the East Coast of the United States?**
*¿Qué océano está en la costa este de los Estados Unidos?*

**86**

Terrorists attacked the United States.
*Los terroristas atacaron los Estados Unidos.*

**87**

[USCIS Officers will be supplied with a list of federally recognized American Indian tribes.]
Cherokee, Navajo, Sioux, Chippewa, Choctaw, Pueblo, Apache, Iroquois, Creek, Blackfeet, Seminole, Cheyenne, Arawak, Shawnee, Mohegan, Huron, Oneida, Lakota, Crow, Teton, Hopi, Inuit
*Cherokee, Navajo, Sioux, Chippewa, Choctaw, Pueblo, Apache, Iroquois, Creek, Blackfeet, Seminole, Cheyenne, Arawak, Shawnee, Mohegan, Huron, Oneida, Lakota, Crow, Teton, Hopi, Inuit*

**88**

Missouri (River)
Mississippi (River)
*(el río) Missouri*
*(el río) Mississippi*

**89**

Pacific (Ocean)
*(el océano) Pacífico*

**90**

Atlantic (Ocean)
*(el océano) Atlántico*

PREGUNTA

**Name one U.S. territory.**
*Dé el nombre de un territorio de los Estados Unidos.*

**91**

PREGUNTA

**Name one state that borders Canada.**
*Mencione un estado que tiene frontera con Canadá.*

**92**

PREGUNTA

**Name one state that borders Mexico.**
*Mencione un estado que tiene frontera con México.*

**93**

PREGUNTA

**What is the capital of the United States?**
*¿Cuál es la capital de los Estados Unidos?*

**94**

PREGUNTA

**Where is the Statue of Liberty?**
*¿Dónde está la Estatua de la Libertad?*

**95**

**91**

Puerto Rico / *Puerto Rico*
U.S. Virgin Islands / *Islas Vírgenes de los Estados Unidos*
American Samoa / *Samoa Americana*
Northern Mariana Islands / *Islas Marianas del Norte*
Guam / *Guam*

**92**

Maine, New Hampshire, Vermont, New York,
Pennsylvania, Ohio, Michigan, Minnesota,
North Dakota, Montana, Idaho, Washington, Alaska
*Maine, Nueva Hampshire, Vermont, Nueva York,
Pensilvania, Ohio, Michigan, Minnesota, Dakota del
Norte, Montana, Idaho, Washington, Alaska*

**93**

California, Arizona, New Mexico, Texas
*California, Arizona, Nuevo México, Texas*

**94**

Washington, D.C.

**95**

New York (Harbor) / *(el puerto de) Nueva York*
Liberty Island / *Liberty Island*
[Also acceptable are New Jersey, near New York
City, and on the Hudson (River).]
*[Otras respuestas aceptables son Nueva Jersey,
cerca de la Ciudad de Nueva York y (el río) Hudson.]*

PREGUNTA

**Why does the flag have 13 stripes?**
*¿Por qué hay 13 franjas en la bandera?*

96

PREGUNTA

**Why does the flag have 50 stars?**
*¿Por qué hay 50 estrellas en la bandera?*

97

PREGUNTA

**What is the name of the national anthem?**
*¿Cómo se llama el himno nacional?*

98

PREGUNTA

**When do we celebrate Independence Day?**
*¿Cuándo celebramos el Día de la Independencia?*

99

PREGUNTA

**Name two national U.S. holidays.**
*Mencione dos días feriados nacionales de los Estados Unidos.*

100

**96**

because there were 13 original colonies
because the stripes represent the original colonies
*porque representan las 13 colonias originales*
*porque las franjas representan las colonias originales*

**97**

because there is one star for each state
because each star represents a state
because there are 50 states
*porque hay una estrella por cada estado*
*porque cada estrella representa un estado*
*porque hay 50 estados*

**98**

The Star-Spangled Banner

**99**

July 4 / *el 4 de julio*

**100**

New Year's Day / *el Día de Año Nuevo*
Martin Luther King, Jr. Day / *el Día de Martin Luther King, Jr.*
Presidents' Day / *el Día de los Presidentes*
Memorial Day / *el Día de la Recordación*
Independence Day / *el Día de la Independencia*
Labor Day / *el Día del Trabajo*
Columbus Day / *el Día de la Raza (Cristóbal Colón)*
Veterans Day / *el Día de los Veteranos*
Thanksgiving / *el Día de Acción de Gracias*
Christmas / *el Día de Navidad*

# Notas

# Notas

# Notas

# Notas

# TÍTULOS DE INGLÉS
# MARIA GARCÍA

INGLÉS DE UNA VEZ
APRENDE INGLÉS DEPRISA
1000 PALABRAS CLAVE
INGLÉS MÓVIL
100 CLASES PARA DOMINAR EL INGLÉS

~•~

EL DESAFÍO DEL INGLÉS
INGLÉS SMS
CIUDADANÍA AMERICANA
PRONUNCIACIÓN FÁCIL:
LAS 134 REGLAS DEL INGLÉS AMERICANO
INGLÉS PARA HACER AMIGOS

~•~

INGLÉS PARA REDES SOCIALES
INGLÉS EN LA ESCUELA
INGLÉS PARA PACIENTES
HABLA SIN ACENTO
INGLÉS DE NEGOCIOS

~•~

INGLÉS PARA VIAJAR
INGLÉS PARA EL AUTO
APRENDE INGLÉS CON LOS FAMOSOS

CPSIA information can be obtained
at www.ICGtesting.com
Printed in the USA
LVHW010422190620
658460LV00013B/1854